Langenscheidt

My Friends

Hexe Hucklas Freundebuch

Langenscheidt

Berlin · München · Wien · Zürich · New York

Zeichnungen: Irmtraud Guhe

Umwelthinweis: Gedruckt auf chlorfrei gebleichtem Papier
Titelgestaltung: Independent Medien Design unter Verwendung von
Zeichnungen von Irmtraud Guhe

© 2005 by Langenscheidt KG, Berlin und München
Satz und Repro: Franzis print & media GmbH, München
Druck: J. P. Himmer, Augsburg
Printed in Germany
ISBN 3-468-20459-0
www.langenscheidt.de

Hallo,

vielleicht kennst du mich schon aus einem meiner Bücher oder hast von meinen Abenteuern mit Witchy, meiner englischen Hexenkollegin, gehört. Falls nicht, dann kannst du uns jetzt kennen lernen, denn wir zwei begleiten dich durch dein neues Freundebuch.

Eigentlich wollte ich ja die Fragen auf Deutsch schreiben, aber Witchy fand es cooler, wenn alles auf Englisch wäre. Na ja, so ist es für sie einfacher – sie kann ja noch immer kein Deutsch. Und da du sicher auch schon etwas Englisch gelernt hast, macht es dir bestimmt Spaß!

Außerdem ist Englisch ganz einfach, denn wir beiden Hexen machen es dir Schritt für Schritt vor. Zuerst beantworte ich alle Fragen auf Deutsch. Auf Witchys Seite findest du dann dieselben Fragen auf Englisch – und Witchys Antworten dazu. Am besten liest du dir unsere Seiten erst einmal genau durch, bevor du deine eigene Seite (This book belongs to …) auf Englisch ausfüllst.

Deine Freundinnen und Freunde können es genauso machen. Nun wollt ihr bestimmt nicht alle dasselbe schreiben wie Witchy und ich. Deshalb findet ihr hinten im Buch jede Menge englische Antworten zu den einzelnen Fragen. Und damit ihr die auch versteht, gibt es die deutsche Übersetzung gleich mit dazu. Sucht euch einfach das Passende aus. Dann kann gar nichts mehr schief gehen!

In den „Birthday Calendar" ganz hinten kannst du eintragen, wann deine Freunde Geburtstag haben.

Und nun viel Spaß mit dem Freundebuch **My Friends**!

Deine Huckla

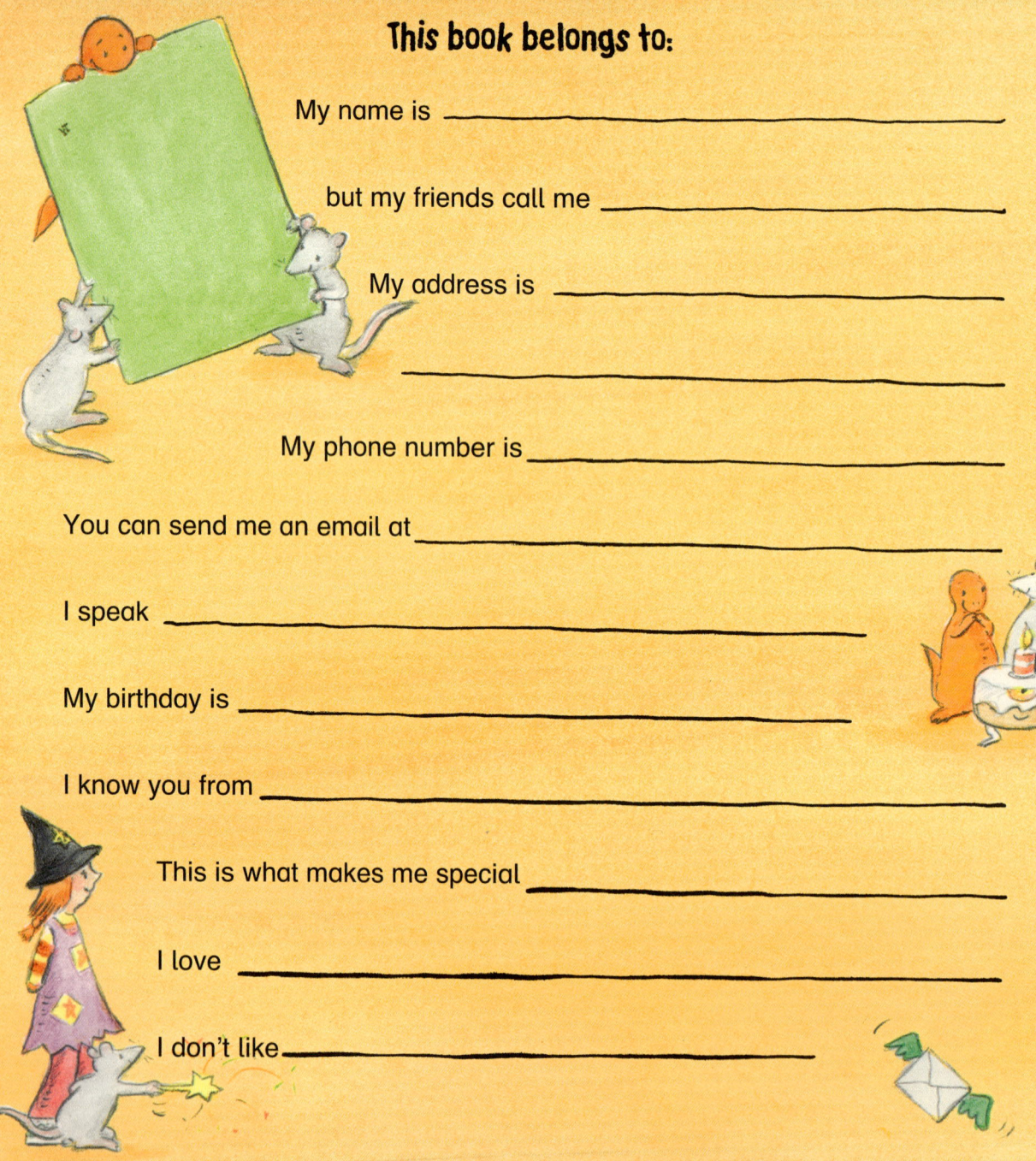

This book belongs to:

My name is _____

but my friends call me _____

My address is _____

_____

My phone number is _____

You can send me an email at _____

I speak _____

My birthday is _____

I know you from _____

This is what makes me special _____

I love _____

I don't like _____

When I grow up, I want to be a _____

My favourite colour is _____

I love to eat _____ but I don't like _____

My favourite animal is _____

I love listening to _____

My favourite song is _____

My favourite book is _____

My favourite TV programme is _____

My favourite sport is _____

What makes me happy _____

I hope you _____

Signature _____ Date _____

Ich heiße *Huckla*

aber meine Freunde nennen mich *na, Huckla natürlich – Hexen haben nämlich keine Spitznamen*

Meine Adresse: *Zauberweg 88, 54321 Geisterstadt am Blocksberg*

Meine Telefonnummer: *04857 12345*

Du kannst mir eine E-Mail senden an: *Leider habe ich noch keine E-Mail. Du kannst mir aber zu Witchy schreiben, witchy@hexmail.org*

Ich spreche *Deutsch und etwas Englisch*

Mein Geburtstag ist *am 6. September*

Ich kenne dich *von einem meiner Ausflüge in die Stadt (da lerne ich oft neue Menschen kennen)*

Das macht mich einzigartig: *meine Federohrringe und mein Hextop*

Ich mag *mit meinem Hexenbesen fliegen*

Das mag ich nicht: *aufräumen*

Das möchte ich mal werden: *eine große Hexenmeisterin*

Meine Lieblingsfarbe ist *lila*

Ich esse gern *grüne Eier mit Schinken*

aber ich mag gar nicht *Spinnenmüsli*

Mein Lieblingstier ist *der Rabe*

Ich höre gern *die Magic Boys*

Mein Lieblingslied ist *So it´s Magic*

Mein Lieblingsbuch ist *Die kleine Hexe*

Meine Lieblingssendung im Fernsehen ist *Hexen-TV, Die Blocksberg-Hitparade*

Diese Sportart mag ich am liebsten: *Molchreiten*

Das macht mich glücklich: *eine Einladung von Witchy, Lutscher*

Ich hoffe für dich, dass *du ganz viele Freunde hast, die dir in dieses Freundebuch schreiben*

Unterschrift   Datum

Huckla

 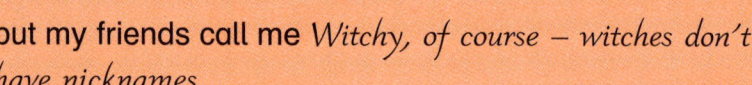

My name is *Witchy*

but my friends call me *Witchy, of course – witches don't have nicknames*

My address is *77 Crystal Ball Lane, Spookytown XY3 5WZ, England*

My phone number is *00111-70 71 72 73 74 75 76 77*

You can send me an email at *witchy@hexmail.org.*

I speak *English*

My birthday is *7th September*

I know you from *my trip to Germany*

This is what makes me special *my red hair, my pearl earrings and my glasses*

I love *feeding ducks and riding on my broomstick*

I don´t like *cousin William´s jokes*

When I grow up I want to be *a famous witch*

My favourite colour is *dark green*

I love to eat *blue bananas and yellow fish*

but I don't like *toad butter*

My favourite animal is *a newt*

I love listening to *the Magic Boys*

My favourite song is *So it's Magic*

My favourite book is *Magic Rhymes by the Magic Girls*

My favourite TV programme is *Abracadabra*

My favourite sport is *dinosaur-back-riding*

What makes me happy *a visit or an email from Huckla*

I hope you *will be happy*

Signature   Date

My name is _____

but my friends call me _____

My address is _____

_____

My phone number is _____

You can send me an email at _____

I speak _____

My birthday is _____

I know you from _____

This is what makes me special _____

I love _____

I don't like _____

When I grow up, I want to be a _____

My favourite colour is _____

I love to eat _____ but I don't like _____

My favourite animal is _____

I love listening to _____

My favourite song is _____

My favourite book is _____

My favourite TV programme is _____

My favourite sport is _____

What makes me happy _____

I hope you _____

Signature _____ Date _____

My name is _____

but my friends call me _____

My address is _____

My phone number is _____ ⭐ _____

You can send me an email at _____

I speak _____

My birthday is _____

I know you from _____

This is what makes me special _____

I love _____

I don't like _____

When I grow up, I want to be a _____

My favourite colour is _____

I love to eat _____ but I don't like _____

My favourite animal is _____

I love listening to _____

My favourite song is _____

My favourite book is _____

My favourite TV programme is _____

My favourite sport is _____

What makes me happy _____

I hope you _____

Signature _____ Date _____

My name is _____

but my friends call me _____

My address is _____

_____

My phone number is _____

You can send me an email at _____

I speak _____

My birthday is _____

I know you from _____

This is what makes me special _____

I love _____

I don't like _____

When I grow up, I want to be a _____

My favourite colour is _____

I love to eat _____ but I don't like _____

My favourite animal is _____

I love listening to _____

My favourite song is _____

My favourite book is _____

My favourite TV programme is _____

My favourite sport is _____

What makes me happy _____

I hope you _____

Signature _____ Date _____

When I grow up, I want to be a _____

My favourite colour is _____

I love to eat _____ but I don't like _____

My favourite animal is _____

I love listening to _____

My favourite song is _____

My favourite book is _____

My favourite TV programme is _____

My favourite sport is _____

What makes me happy _____

I hope you _____

Signature _____   Date _____

My name is _____

but my friends call me _____

My address is _____

_____

My phone number is _____

You can send me an email at _____

I speak _____ _____

My birthday is _____

I know you from _____

This is what makes me special _____

I love _____

I don't like _____

When I grow up, I want to be a _____

My favourite colour is _____

I love to eat _____ but I don't like _____

My favourite animal is _____

I love listening to _____

My favourite song is _____

My favourite book is _____

My favourite TV programme is _____

My favourite sport is _____

What makes me happy _____

I hope you _____

Signature _____ Date _____

My name is _____

but my friends call me _____

My address is _____

_____

My phone number is _____

You can send me an email at _____

I speak _____

My birthday is _____

I know you from _____

This is what makes me special _____

I love _____

I don't like _____

When I grow up, I want to be a _____

My favourite colour is _____

I love to eat _____ but I don't like _____

My favourite animal is _____

I love listening to _____

My favourite song is _____

My favourite book is _____

My favourite TV programme is _____

My favourite sport is _____

What makes me happy _____

I hope you _____

Signature _____ Date _____

My name is _____

but my friends call me _____

My address is _____

_____

My phone number is _____

You can send me an email at _____

I speak _____

My birthday is _____

I know you from _____

This is what makes me special _____

I love _____

I don't like _____

When I grow up, I want to be a _____

My favourite colour is _____

I love to eat _____ but I don't like _____

My favourite animal is _____

I love listening to _____

My favourite song is _____

My favourite book is _____

My favourite TV programme is _____

My favourite sport is _____

What makes me happy _____

I hope you _____

Signature _____ Date _____

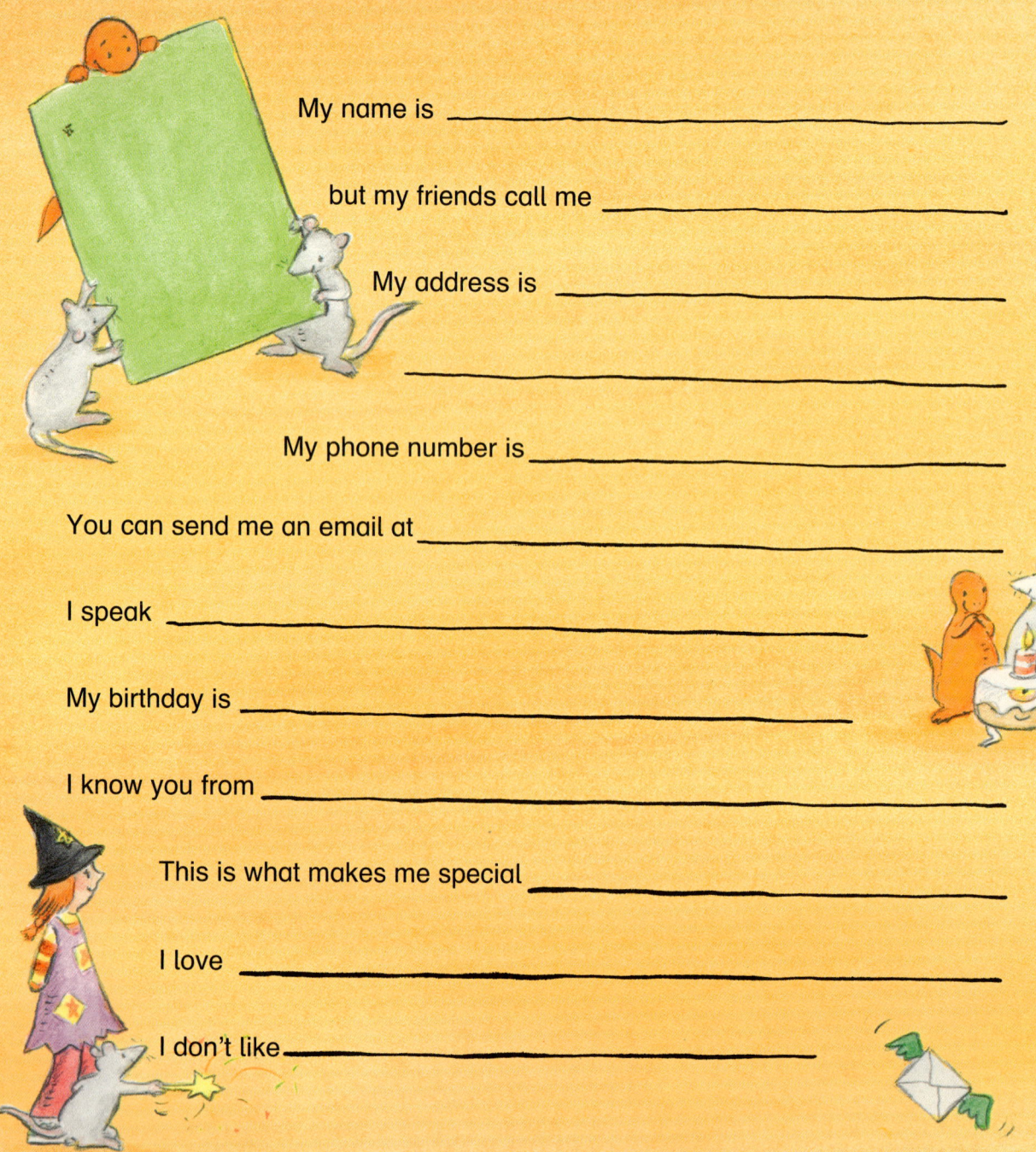

My name is _____

but my friends call me _____

My address is _____

_____

My phone number is _____

You can send me an email at _____

I speak _____

My birthday is _____

I know you from _____

This is what makes me special _____

I love _____

I don't like _____

When I grow up, I want to be a _____

My favourite colour is _____

I love to eat _____ but I don't like _____

My favourite animal is _____

I love listening to _____

My favourite song is _____

My favourite book is _____

My favourite TV programme is _____

My favourite sport is _____

What makes me happy _____

I hope you _____

Signature _____ Date _____

My name is _____

but my friends call me _____

My address is _____

_____

My phone number is _____

You can send me an email at _____

I speak _____

My birthday is _____

I know you from _____

This is what makes me special _____

I love _____

I don't like _____

When I grow up, I want to be a _____

My favourite colour is _____

I love to eat _____ but I don't like _____

My favourite animal is _____

I love listening to _____

My favourite song is _____

My favourite book is _____

My favourite TV programme is _____

My favourite sport is _____

What makes me happy _____

I hope you _____

Signature _____   Date _____

When I grow up, I want to be a _____

My favourite colour is _____

I love to eat _____ but I don't like _____

My favourite animal is _____

I love listening to _____

My favourite song is _____

My favourite book is _____

My favourite TV programme is _____

My favourite sport is _____

What makes me happy _____

I hope you _____

Signature _____ Date _____

My name is _____

but my friends call me _____

My address is _____

_____

My phone number is _____

You can send me an email at _____

I speak _____

My birthday is _____

I know you from _____

This is what makes me special _____

I love _____

I don't like _____

When I grow up, I want to be a _____

My favourite colour is _____

I love to eat _____ but I don't like _____

My favourite animal is _____

I love listening to _____

My favourite song is _____

My favourite book is _____

My favourite TV programme is _____

My favourite sport is _____

What makes me happy _____

I hope you _____

Signature _____ Date _____

My name is _____

but my friends call me _____

My address is _____

My phone number is _____ _____

You can send me an email at _____

I speak _____

My birthday is _____

I know you from _____

This is what makes me special _____

I love _____

I don't like _____

When I grow up, I want to be a _____

My favourite colour is _____

I love to eat _____ but I don't like _____

My favourite animal is _____

I love listening to _____

My favourite song is _____

My favourite book is _____

My favourite TV programme is _____

My favourite sport is _____

What makes me happy _____

I hope you _____

Signature _____ Date _____

My name is _____

but my friends call me _____

My address is _____
_____

My phone number is _____

You can send me an email at _____

I speak _____

My birthday is _____

I know you from _____

This is what makes me special _____

I love _____

I don't like _____

When I grow up, I want to be a _____

My favourite colour is _____

I love to eat _____ but I don't like _____

My favourite animal is _____

I love listening to _____

My favourite song is _____

My favourite book is _____

My favourite TV programme is _____

My favourite sport is _____

What makes me happy _____

I hope you _____

Signature _____ Date _____

My name is _____

but my friends call me _____

My address is _____

_____

My phone number is _____

You can send me an email at _____

I speak _____

My birthday is _____

I know you from _____

This is what makes me special _____

I love _____

I don't like _____

When I grow up, I want to be a _____

My favourite colour is _____

I love to eat _____ but I don't like _____

My favourite animal is _____

I love listening to _____

My favourite song is _____

My favourite book is _____

My favourite TV programme is _____

My favourite sport is _____

What makes me happy _____

I hope you _____

Signature _____ Date _____

My name is _____

but my friends call me _____

My address is _____

_____

My phone number is _____

You can send me an email at _____

I speak _____ _____

My birthday is _____

I know you from _____

This is what makes me special _____

I love _____

I don't like _____

When I grow up, I want to be a _____

My favourite colour is _____

I love to eat _____ but I don't like _____

My favourite animal is _____

I love listening to _____

My favourite song is _____

My favourite book is _____

My favourite TV programme is _____

My favourite sport is _____

What makes me happy _____

I hope you _____

Signature _____ Date _____

My name is _____

but my friends call me _____

My address is _____

_____

My phone number is _____

You can send me an email at _____

I speak _____

My birthday is _____

I know you from _____

This is what makes me special _____

I love _____

I don't like _____

When I grow up, I want to be a _____

My favourite colour is _____

I love to eat _____ but I don't like _____

My favourite animal is _____

I love listening to _____

My favourite song is _____

My favourite book is _____

My favourite TV programme is _____

My favourite sport is _____

What makes me happy _____

I hope you _____

Signature _____ Date _____

My name is _____

but my friends call me _____

My address is _____
_____

My phone number is _____

You can send me an email at _____

I speak _____

My birthday is _____

I know you from _____

This is what makes me special _____

I love _____

I don't like _____

When I grow up, I want to be a _____

My favourite colour is _____

I love to eat _____ but I don't like _____

My favourite animal is _____

I love listening to _____

My favourite song is _____

My favourite book is _____

My favourite TV programme is _____

My favourite sport is _____

What makes me happy _____

I hope you _____

Signature _____ Date _____

My name is _____

but my friends call me _____

My address is _____

_____

My phone number is _____

You can send me an email at _____

I speak _____

My birthday is _____

I know you from _____

This is what makes me special _____

I love _____

I don't like _____

When I grow up, I want to be a _____

My favourite colour is _____

I love to eat _____ but I don't like _____

My favourite animal is _____

I love listening to _____

My favourite song is _____

My favourite book is _____

My favourite TV programme is _____

My favourite sport is _____

What makes me happy _____

I hope you _____

Signature _____ Date _____

My name is _____

but my friends call me _____

My address is _____

_____

My phone number is _____

You can send me an email at _____

I speak _____

My birthday is _____

I know you from _____

This is what makes me special _____

I love _____

I don't like _____

When I grow up, I want to be a _____

My favourite colour is _____

I love to eat _____ but I don't like _____

My favourite animal is _____

I love listening to _____

My favourite song is _____

My favourite book is _____

My favourite TV programme is _____

My favourite sport is _____

What makes me happy _____

I hope you _____

Signature _____ Date _____

My name is _____

but my friends call me _____

My address is _____

_____

My phone number is _____

You can send me an email at _____

I speak _____

My birthday is _____

I know you from _____

This is what makes me special _____

I love _____

I don't like _____

When I grow up, I want to be a _____

My favourite colour is _____

I love to eat _____ but I don't like _____

My favourite animal is _____

I love listening to _____

My favourite song is _____

My favourite book is _____

My favourite TV programme is _____

My favourite sport is _____

What makes me happy _____

I hope you _____

Signature _____ Date _____

My name is _____

but my friends call me _____

My address is _____

_____

My phone number is _____

You can send me an email at _____

I speak _____

My birthday is _____

I know you from _____

This is what makes me special _____

I love _____

I don't like _____

When I grow up, I want to be a _____

My favourite colour is _____

I love to eat _____ but I don't like _____

My favourite animal is _____

I love listening to _____

My favourite song is _____

My favourite book is _____

My favourite TV programme is _____

My favourite sport is _____

What makes me happy _____

I hope you _____

Signature _____ Date _____

My name is _____

but my friends call me _____

My address is _____

My phone number is _____ ⭐ _____

You can send me an email at _____

I speak _____

My birthday is _____

I know you from _____

This is what makes me special _____

I love _____

I don't like _____

When I grow up, I want to be a _____

My favourite colour is _____

I love to eat _____ but I don't like _____

My favourite animal is _____

I love listening to _____

My favourite song is _____

My favourite book is _____

My favourite TV programme is _____

My favourite sport is _____

What makes me happy _____

I hope you _____

Signature _____ Date _____

My name is _____

but my friends call me _____

My address is _____

_____

My phone number is _____

You can send me an email at _____

I speak _____

My birthday is _____

I know you from _____

This is what makes me special _____

I love _____

I don't like _____

When I grow up, I want to be a _____

My favourite colour is _____

I love to eat _____ but I don't like _____

My favourite animal is _____

I love listening to _____

My favourite song is _____

My favourite book is _____

My favourite TV programme is _____

My favourite sport is _____

What makes me happy _____

I hope you _____

Signature _____ Date _____

My name is _____

but my friends call me _____

My address is _____

_____

My phone number is _____

You can send me an email at _____

I speak _____

My birthday is _____

I know you from _____

This is what makes me special _____

I love _____

I don't like _____

When I grow up, I want to be a _____

My favourite colour is _____

I love to eat _____ but I don't like _____

My favourite animal is _____

I love listening to _____

My favourite song is _____

My favourite book is _____

My favourite TV programme is _____

My favourite sport is _____

What makes me happy _____

I hope you _____

Signature _____   Date _____

My name is _____

but my friends call me _____

My address is _____

_____

My phone number is _____

You can send me an email at _____

I speak _____ _____

My birthday is _____

I know you from _____

This is what makes me special _____

I love _____

I don't like _____

When I grow up, I want to be a _____

My favourite colour is _____

I love to eat _____ but I don't like _____

My favourite animal is _____

I love listening to _____

My favourite song is _____

My favourite book is _____

My favourite TV programme is _____

My favourite sport is _____

What makes me happy _____

I hope you _____

Signature _____ Date _____

My name is _____

but my friends call me _____

My address is _____

_____

My phone number is _____

You can send me an email at _____

I speak _____

My birthday is _____

I know you from _____

This is what makes me special _____

I love _____

I don't like _____

When I grow up, I want to be a _____

My favourite colour is _____

I love to eat _____ but I don't like _____

My favourite animal is _____

I love listening to _____

My favourite song is _____

My favourite book is _____

My favourite TV programme is _____

My favourite sport is _____

What makes me happy _____

I hope you _____

Signature _____ Date _____

My name is _____

but my friends call me _____

My address is _____

_____

My phone number is _____

You can send me an email at _____

I speak _____

My birthday is _____

I know you from _____

This is what makes me special _____

I love _____

I don't like _____

When I grow up, I want to be a _____

My favourite colour is _____

I love to eat _____ but I don't like _____

My favourite animal is _____

I love listening to _____

My favourite song is _____

My favourite book is _____

My favourite TV programme is _____

My favourite sport is _____

What makes me happy _____

I hope you _____

Signature _____ Date _____

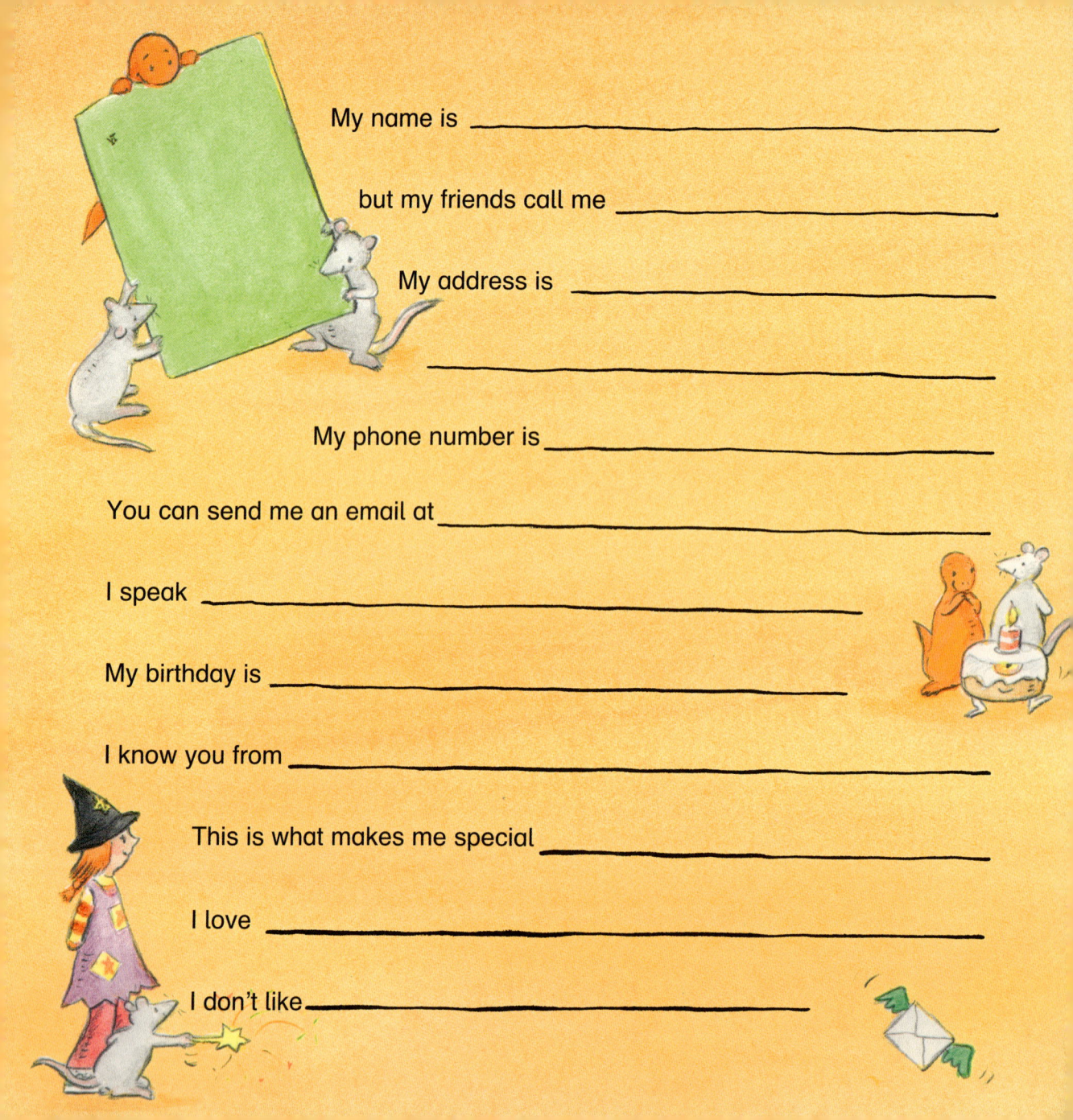

My name is _____

but my friends call me _____

My address is _____

_____

My phone number is _____

You can send me an email at _____

I speak _____

My birthday is _____

I know you from _____

This is what makes me special _____

I love _____

I don't like _____

When I grow up, I want to be a _____

My favourite colour is _____

I love to eat _____ but I don't like _____

My favourite animal is _____

I love listening to _____

My favourite song is _____

My favourite book is _____

My favourite TV programme is _____

My favourite sport is _____

What makes me happy _____

I hope you _____

Signature _____ Date _____

My name is _____

but my friends call me _____

My address is _____

_____

My phone number is _____

You can send me an email at _____

I speak _____

My birthday is _____

I know you from _____

This is what makes me special _____

I love _____

I don't like _____

When I grow up, I want to be a _____

My favourite colour is _____

I love to eat _____ but I don't like _____

My favourite animal is _____

I love listening to _____

My favourite song is _____

My favourite book is _____

My favourite TV programme is _____

My favourite sport is _____

What makes me happy _____

I hope you _____

Signature _____ Date _____

My name is _____

but my friends call me _____

My address is _____

_____

My phone number is _____

You can send me an email at _____

I speak _____

My birthday is _____

I know you from _____

This is what makes me special _____

I love _____

I don't like _____

When I grow up, I want to be a _____

My favourite colour is _____

I love to eat _____ but I don't like _____

My favourite animal is _____

I love listening to _____

My favourite song is _____

My favourite book is _____

My favourite TV programme is _____

My favourite sport is _____

What makes me happy _____

I hope you _____

Signature _____ Date _____

My name is _____

but my friends call me _____

My address is _____

_____

My phone number is _____

You can send me an email at _____

I speak _____

My birthday is _____

I know you from _____

This is what makes me special _____

I love _____

I don't like _____

When I grow up, I want to be a _____

My favourite colour is _____

I love to eat _____ but I don't like _____

My favourite animal is _____

I love listening to _____

My favourite song is _____

My favourite book is _____

My favourite TV programme is _____

My favourite sport is _____

What makes me happy _____

I hope you _____

Signature _____ Date _____

My name is _____

but my friends call me _____

My address is _____

My phone number is _____

You can send me an email at _____

I speak _____

My birthday is _____

I know you from _____

This is what makes me special _____

I love _____

I don't like _____

When I grow up, I want to be a _____

My favourite colour is _____

I love to eat _____ but I don't like _____

My favourite animal is _____

I love listening to _____

My favourite song is _____

My favourite book is _____

My favourite TV programme is _____

My favourite sport is _____

What makes me happy _____

I hope you _____

Signature _____ Date _____

My name is _____

but my friends call me _____

My address is _____

_____

My phone number is _____

You can send me an email at _____

I speak _____

My birthday is _____

I know you from _____

This is what makes me special _____

I love _____

I don't like _____

When I grow up, I want to be a _____

My favourite colour is _____

I love to eat _____ but I don't like _____

My favourite animal is _____

I love listening to _____

My favourite song is _____

My favourite book is _____

My favourite TV programme is _____

My favourite sport is _____

What makes me happy _____

I hope you _____

Signature _____ Date _____

My name is _____

but my friends call me _____

My address is _____

_____

My phone number is _____

You can send me an email at _____

I speak _____

My birthday is _____

I know you from _____

This is what makes me special _____

I love _____

I don't like _____

When I grow up, I want to be a _____

My favourite colour is _____

I love to eat _____ but I don't like _____

My favourite animal is _____

I love listening to _____

My favourite song is _____

My favourite book is _____

My favourite TV programme is _____

My favourite sport is _____

What makes me happy _____

I hope you _____

Signature _____ Date _____

My name is _____

but my friends call me _____

My address is _____

_____

My phone number is _____

You can send me an email at _____

I speak _____

My birthday is _____

I know you from _____

This is what makes me special _____

I love _____

I don't like _____

When I grow up, I want to be a _____

My favourite colour is _____

I love to eat _____ but I don't like _____

My favourite animal is _____

I love listening to _____

My favourite song is _____

My favourite book is _____

My favourite TV programme is _____

My favourite sport is _____

What makes me happy _____

I hope you _____

Signature _____ Date _____

My name is _____

but my friends call me _____

My address is _____

_____

My phone number is _____

You can send me an email at _____

I speak _____

My birthday is _____

I know you from _____

This is what makes me special _____

I love _____

I don't like _____

When I grow up, I want to be a _____

My favourite colour is _____

I love to eat _____ but I don't like _____

My favourite animal is _____

I love listening to _____

My favourite song is _____

My favourite book is _____

My favourite TV programme is _____

My favourite sport is _____

What makes me happy _____

I hope you _____

Signature _____ Date _____

My name is _____

but my friends call me _____

My address is _____

_____

My phone number is _____

You can send me an email at _____

I speak _____

My birthday is _____

I know you from _____

This is what makes me special _____

I love _____

I don't like _____

When I grow up, I want to be a _____

My favourite colour is _____

I love to eat _____ but I don't like _____

My favourite animal is _____

I love listening to _____

My favourite song is _____

My favourite book is _____

My favourite TV programme is _____

My favourite sport is _____

What makes me happy _____

I hope you _____

Signature _____ Date _____

Birthday Calendar

January

February

Birthday Calendar

March

April

Birthday Calendar

May

June

Birthday Calendar

July

August

Birthday Calendar

September

6. Huckla

7. Witchy

October

Birthday Calendar

November

December

So könnt ihr antworten:

I speak …
Croatian	*Kroatisch*
English	*Englisch*
French	*Französisch*
Greek	*Griechisch*
German	*Deutsch*
Italian	*Italienisch*
Polish	*Polnisch*
Portuguese	*Portugiesisch*
Russian	*Russisch*
Serbian	*Serbisch*
Spanish	*Spanisch*
Turkish	*Türkisch*

I know you from …
kindergarten	*dem Kindergarten*
school	*der Schule*
the school playground	*dem Schulhof*
the sports club	*dem Sportverein*
my holiday	*meinem Urlaub*
a birthday party	*einer Geburtstagsfeier*
the neighbourhood	*der Nachbarschaft*
the playground	*dem Spielplatz*
my trip to Germany	*meinem Ausflug nach Deutschland*

This is what makes me special: my…		
	red hair	*roten Haare*
	freckles	*Sommersprossen*
	brace	*Zahnspange*
	pony tail	*Pferdeschwanz*
	funny nose	*lustige Nase*
	curls	*Locken*
	glasses	*Brille*
	cool sneakers	*coolen Turnschuhe*
	pearl earrings	*Perlenohrringe*

I love …		
	sleeping	*schlafen*
	reading	*lesen*
	riding	*reiten*
	swimming	*schwimmen*
	singing	*singen*
	ballet	*Ballett*
	riding a bike	*Rad fahren*
	playing football	*Fußball spielen*
	playing the recorder	*Blockflöte spielen*
	drawing	*zeichnen*
	listening to music	*Musik hören*
	roller blading	*Inline skaten*
	maths	*Mathe*
	sports	*Sport*
	playing computer games	*Computerspiele spielen*
	watching TV	*fernsehen*
	feeding ducks	*Enten füttern*
	riding on my broomstick	*auf meinem Besen reiten*

I don't like …   doing homework — *Hausaufgaben machen*
going to school — *in die Schule gehen*
tidying up my room — *mein Zimmer aufräumen*
tests — *Klassenarbeiten*
getting up early — *früh aufstehen*
going to bed — *schlafen gehen*
arguing — *streiten*
rats — *Ratten*
snakes — *Schlangen*
mosquitoes — *Mücken*
brushing my teeth — *Zähne putzen*
clearing the table — *Tisch abdecken*
playing with my little brother or sister — *mit meinem kleinen Bruder oder Schwester spielen*
walking the dog — *den Hund ausführen*
cleaning the cat´s tray — *das Katzenklo sauber machen*
carrying down the rubbish — *den Müll runterbringen*

My favourite colour is …   red — *rot*
blue — *blau*
green — *grün*
orange — *orange*
pink — *rosa*
purple — *lila*
yellow — *gelb*
white — *weiß*
black — *schwarz*
dark blue — *dunkelblau*
light blue — *hellblau*

When I grow up, I want to be ...

a teacher	*Lehrer(in)*
an astronaut	*Astronaut(in)*
an architect	*Architekt(in)*
an actor	*Schauspieler(in)*
a doctor	*Arzt, Ärztin*
a fireman, firewoman	*Feuerwehrmann, Feuerwehrfrau*
a policeman, policewoman	*Polizist(in)*
a musician	*Musiker(in)*
a scientist	*Wissenschaftler(in)*
a car mechanic	*Automechaniker(in)*
an acrobat	*Akrobat(in)*
a hairdresser	*Friseur, Friseuse*
a conductor	*Dirigent(in)*
a riding instructor	*Reitlehrer(in)*
a racing driver	*Rennfahrer(in)*
a vet	*Tierarzt, Tierärztin*
a pop star	*Popstar*
a witch	*Hexe*
a wizard	*Zauberer*

I love to eat ...

chocolate	*Schokolade*
crisps	*Kartoffelchips*
pizza	*Pizza*
spaghetti	*Spaghetti*
sweets	*Süßigkeiten*
pancakes	*Pfannkuchen*
strawberries	*Erdbeeren*
ice cream	*Eis*
apples	*Äpfel*
melon	*Melone*
grapes	*Weintrauben*
biscuits	*Kekse*
tomato soup	*Tomatensuppe*
carrots	*Karotten*
yoghurt	*Joghurt*
French fries	*Pommes frites*
bananas	*Bananen*
fish	*Fisch*

but I don't like ...

spinach	*Spinat*
rice	*Reis*
salad	*Salat*
beans	*Bohnen*
peppers	*Paprikaschoten*
vegetables	*Gemüse*
muesli	*Müsli*
cheese	*Käse*
herbal tea	*Kräutertee*
hot milk	*warme Milch*
toad butter	*Krötenbutter*

My favourite animal is a …

cat	*Katze*
dog	*Hund*
horse	*Pferd*
mouse	*Maus*
guinea pig	*Meerschweinchen*
hamster	*Hamster*
rabbit	*Kaninchen*
monkey	*Affe*
canary	*Kanarienvogel*
newt	*Molch*

My favourite sport is …

football	*Fußball*
tennis	*Tennis*
swimming	*Schwimmen*
riding	*Reiten*
skiing	*Skifahren*
snowboarding	*Snowboarden*
ballet	*Ballett*
ice skating	*Schlittschuhlaufen*
ice hockey	*Eishockey*
athletics	*Leichtathletik*
climbing	*Klettern*
karate	*Karate*
judo	*Judo*
basketball	*Basketball*
dinosaur-back-riding	*Dinosaurierreiten*

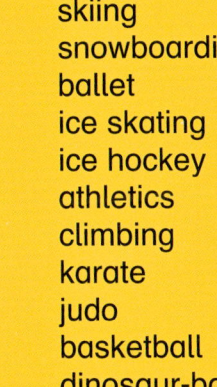

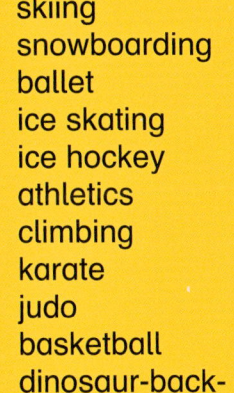

What makes me happy …

chocolate	*Schokolade*
singing	*singen*
dancing	*tanzen*
playing with my friends	*mit meinen Freunden spielen*
playing with my toys	*mit meinen Spielsachen spielen*
playing with my pet	*mit meinem Haustier spielen*
getting presents	*wenn ich Geschenke kriege*
talking on the phone	*telefonieren*
listening to music	*wenn ich Musik höre*
holidays	*Ferien*
playing with my playstation	*mit meiner Playstation spielen*

I hope you …

will stay my best friend forever	*dass du immer mein bester Freund, meine beste Freundin bleibst*
will get a good mark in the next test	*dass du in der nächsten Arbeit eine gute Note bekommst*
will get a new bike for your birthday	*dass du ein neues Fahrrad zum Geburtstag bekommst*
will be in my class next year, too	*dass du auch nächstes Jahr in meiner Klasse bist*
will come to my next birthday party	*dass du zu meiner nächsten Geburtstagsfeier kommst*
will always have a lot of nice friends	*dass du immer viele nette Freunde hast*
will be happy	*dass du glücklich bist*

Englisch – keine Hexerei
Liebevoll illustriertes
Buch plus Hörspiel auf
2 Audio-CDs
ISBN 3-468-20376-4

Französisch – keine Hexerei
ISBN 3-468-20366-7

Spuk im Hexenhaus
Neue spannende
Hexen-Abenteuer
ISBN 3-468-20372-1

Neue Englisch-Hexereien
ISBN 3-468-20374-8

**Malen, Rätseln, Englisch lernen
mit Hexe Huckla**
Lustiges Spiel-, Bastel- und
Malbuch mit den kleinen Hexen
ISBN 3-468-20365-9

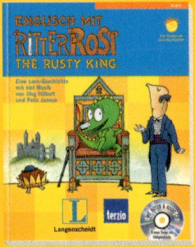

Spielend Sprachen lernen

**Englisch mit Ritter Rost –
The Rusty King**
Der beliebte Kinderbuchheld
jetzt als Englisch-Lehrer für Kinder
ISBN 3-468-20368-3

**Englisch mit Ritter Rost –
The Rusty Movie**
ISBN 3-468-20369-1

mit Langenscheidt

Feste feiern – Englisch lernen
Lustige Feste feiern und
spielerisch Englisch lernen mit
Reimen, Liedern und Rezepten
ISBN 3-468-20401-9

Zauberquartett Englisch
Ein Kartenspiel
zum Englischlernen
32 Karten
ISBN 3-468-20405-1

Zauber-Memo Englisch
Ein Bilderlegespiel
zum Englischlernen
64 Kärtchen
ISBN 3-468-20404-3

Englisch für Kids
Praktische, laminierte Unterlage mit dem wichtigsten
Wortschatz und einem Spiel für die ganze Familie
ISBN 3-468-34105-9

Grundschulwörterbuch Englisch
Bunt illustriertes Wörterbuch
mit 1000 Wörtern
ISBN 3-468-20410-8

Grundschulwörterbuch Französisch
ISBN 3-468-20420-5

Langenscheidt
...weil Sprachen verbinden

Infos & mehr
www.langenscheidt.de/kids
www.hexe-huckla.de

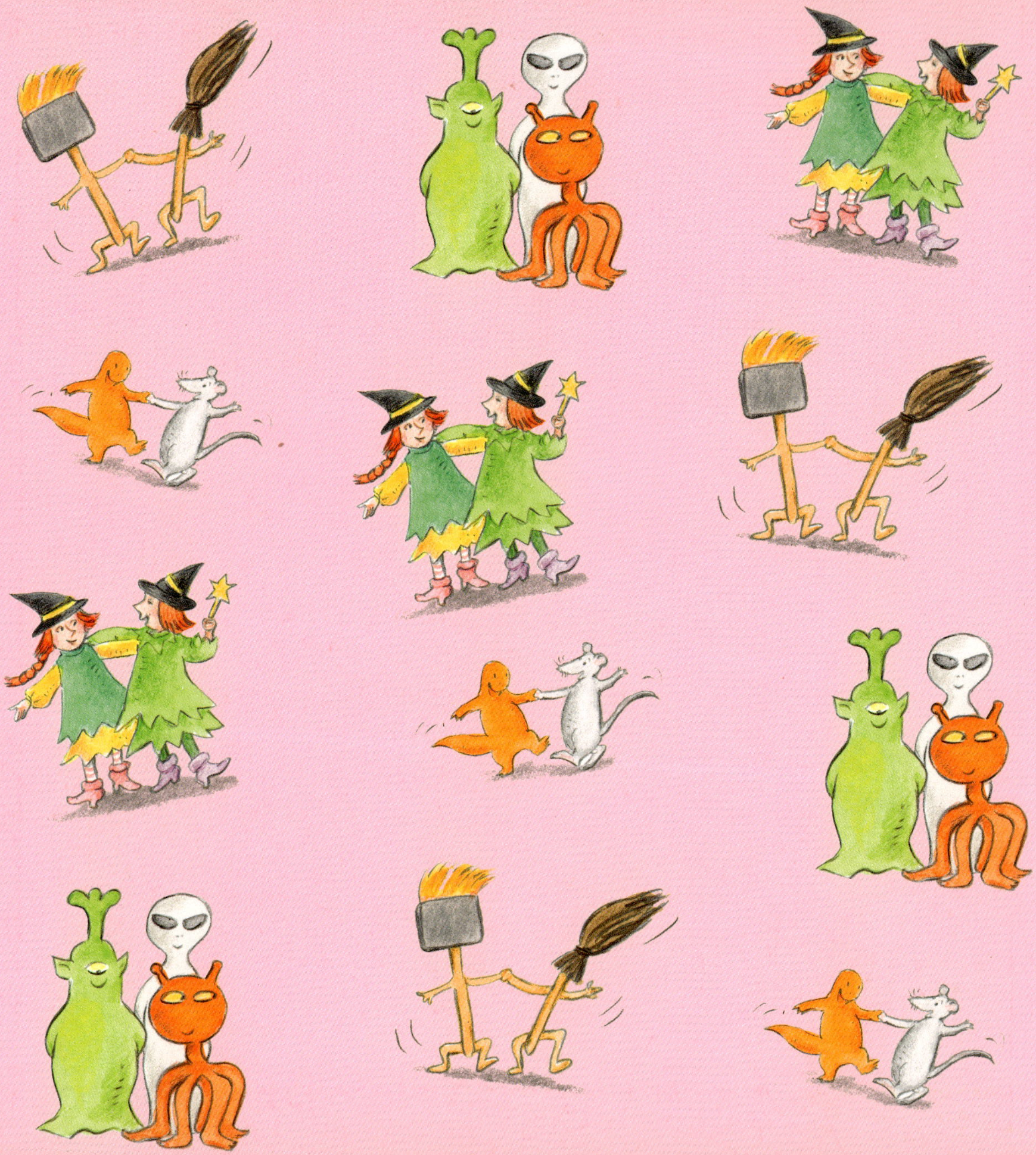